AF441521

फासले..

लेखक

ईरफ़ान "आशिर"

फिर फासले है ज़ुर्म क्यूं,
गर इश्क़ कोई गुना नहीं,

तन्हा अगर रहा नहीं,
फिर खुदसे कुछ कहा नहीं,

जो आप ढूंढते है मुझमें,
ढूंढा बहुत मिला नहीं,

कैसी ये आधी रात को,
बस दर्द है दवा नहीं,

अब उन अकेली रातों में,
सोता हूं जागता नहीं,

सब शोहरतों के बाद भी,
कुछ दरमियाँ बचा नहीं,

वो बच्चे की तरह अबकी,
रोता रहा सुना नहीं,

फिर फासले है जुर्म क्यूं,
गर इश्क़ कोई गुना नहीं,

आशिर समझ के रह गया,
ये हादसा नया नहीं,

लग गयी ही तुझको भी ये हवा ज़माने की,
यही होता है सिला सबसे हाथ मिलाने की,

यार मेरे तुझको अब कैसे पाऊंगा कभी,
ढूंढ ली है तूने दवा खुदको भूल जाने की,

न चूम होंठों से बोतल मेरे होंठ चिढ़ते है,
मैं कसम तोड़ दूंगा फिर न वापस आने की,

मत समझ की बोझ बन जायेगा प्यार मेरा,
दिल में है सुराख बना मुझमे आने जाने की,

ये नया कुछ नहीं जो आ गयी बहकावे में,
खराबियों की आदत है हसीं खाब दिखाने की,

लग गयी ही तुझको भी ये हवा ज़माने की,
यही होता है सिला सबसे हाथ मिलाने की,

तुझको लिखना तो एक फ़साना है
दिल दुखाने का बस बहाना है,

दो बरस हो गये है यादों में,
ज़ख़्म ये भी बहुत सुहाना है,

मैने महफ़िल में दाद दे दी फिर,
अपने आंसूं भी अब छिपाना है,

लाख हम मिन्नते करे फिर भी,
जा रहा है जिसे भी जाना है,

नींद कैसे नहीं आती मुझको,
नींद में उसको ही बुलाना है,

जां से जां भी बिछड़ गयी लेकिन,
आने वालों को अभी आना है..,

प्यार से बात कौन माना है,
सबको तो टूट फूट जाना है,

फूल से मुरझा गये हो आशिर तुम,
तुम तो कहते थे दिल लगाना है,

फिर चली सर्द सी हवा गुमसुम,
कोइ मुझे देखता रहा गुमसुम,

क़ाफ़िला साथ चल पड़ा लेकिन
खो गये हम भला कहां गुमसुम,

हस रहे थे तस्वीर में चेहरे,
वो ही खोया हुआ मिला गुमसुम,

इक हवा और आज का मौसम,
चाँद जुल्फों में छिप गया गुमसुम,

आप महफ़िल में हस दिए होंगे,
और दिल चीखता हुआ गुमसुम,

तन्हाई में महज़ अंधेरा हो,
और जलता रहे दिया गुमसुम,

तूने आवाज़ दी नहीं आशिर,
कोइ ज़िंदा ही रह गया गुमसुम,

कुछ कहने को जी करता है?
तेरा जी भी ये कैसा है...

आँखें नहीं चुरा पाया जो,
आके अब दिल में रहता है..

ऐसी बाते करता है वो,
उसका सपना सच लगता है,

दुनया से रूठ कर वो भी,
मेरी बाहों में गिरता है..

उस नाम का असर अभी भी,
मेरे चेहरे पर दिखता है...

उस गुल-बदन की खुशबू में,
थोड़ा सा मेरा हिस्सा है,

पलके नीची करली मैंने,
आंसूं चुपके से गिरता है,

आशिर के गम-गुसार जानी,
आशिर तुझसे कुछ कहता है ??

गुल के गुल मुस्काते होंगे,
सीने से लग जाते होंगे,

जिस जगह पे लम्हें गुज़रे,
उसके बिन जी पाते होंगे ?

इक सदी लग जाती होगी,
जाने वाले आते होंगे..??

क्यूं नहीं वो है मेरा अब,
कैसे हम समझाते होंगे...?

क्या वो सब सिगरेट के साथ,
चेहरे भी जल जाते होंगे ?

लैला जिसकी साथ ना दे,
मजनू पत्थर खाते होंगें ?

समझे है ईरफान को जो,
बोतलें भर लाते होंगे,

तुमने खुद को खुश रख्खा है ?
अच्छा इससे क्या मिलता है ?

जाने वाले चल जाते है,
रहने वाला रह जाता है,

वो तस्वीरे देख के तड़पे,
अब लड़का बाते करता है,

तेरी बाली चूमने वाला,
पूछ लो ज़िंदा रहता है ?

फोन अबकी काट के बोले,
जाने उससे क्या रिश्ता है ?

यूं ही वो खुश नहीं था,
अब तो वो ज़्यादा हसता है,

ओ दुनया से तालुक वाले,
आशिर तो दिल में आता है,

शायरी की आग जलाकर चली गयी,
वो दबे होंठ मुस्कुराकर चली गयी,

बदन के चोट जलते बुझते रह गये,
वो अपनी सैंडल खट-खटाकर चली गयी,

मैं की एक ग़ज़ल में पिरोता रहा उसे,
वो की इतने नखरे दिखाकर चली गयी,

मैं की खुद को समेटता ही रह गया,
वो की और ज़ुल्फ़ फैलाकर चली गयी,

मैं पूछता रहा क्या हुआ क्या हुआ..
वो की अपने बटन लगाकर चली गयी,

पहले उसकी तस्वीरों ने यूं खूब सताया,
फिर सर्द रात की हवा सताकर चली गयी,

शायरी की आग जलाकर चली गयी...
वो दबे होंठ मुस्कुराकर चली गयी...

बात जो उड़ के इधर आई है,
आज सीने में उतर आई है,

लाख मैं उसको मना करता हूँ,
लाख पहरे हो मगर आई है,

याद की राह चला कुछ पल तो,
मौत फिर आज नज़र आई है,

गम जो आंखों में छिपा रख्खा था,
लाश पानी में उतर आई है,

तुमसे क्या प्यार नहीं करना था ?
सब बलायें मेरे सर आई है..!

गाँव में मेरे ही चर्चे होंगे,
उसकी शादी की खबर आई है,

देख ईरफान जुदा होकर वो,
मैं न कहता था निखर आई है..

हम रोज़ याद आते है ?
ये लोग कुछ बताते है,

किसकी मजाल जान ले,
जो बात वो छिपाते है,

अब इंतेहा है इश्क़ का,
सारे सवाल आते है ?

चुप रहके फायदा है ये,
वो झूठ बोल पाते है,

इतनी ज़रा सी दूरी है,
फिर भी नहीं निभाते है,

क्या आखरी ये हद थी और,
फिर लोग हार जाते है ?

इतनी वफ़ा नहीं करो,
सब झूठी कसमें खाते है,

तुम याद आयी आज फिर,
कहना था कहके जाते है,

आज से सोच मार डाली है,
रोज अब ईद और दीवाली है,

मैने दुनिया भी छोड़ जाना है,
ख़ाब आया है घर भी खाली है,

आप मेहंदी हटा के देखो तो,
खून के बूंद की ये लाली है,

आज शादी करोगी तुम या फिर,
तुमने तरकीब कुछ निकाली है,

एक दिन छोड़कर गया मुझको,
दिल मेरा तबसे कोतवाली है,

आज सिगरेट फिर जलाया हूं,
एक उम्मीद मरने वाली है,

जिस ख़ामोशी से डरते हो आशिर,
मैंने वो पांच साल पाली है...

वो बोलता अगर नहीं,
वो जिनमें दिल थे सर नहीं,

पहले पहल करीब थे,
अब तो तुम्हें कदर नहीं,

क्यूं है वो आसमान में,
बादल में कोइ पर नहीं,

हमको दुआ पे छोड़ के,
कहते है अब असर नहीं,

रहती है फिक्र उसकी फिर,
जाना हमें जिधर नहीं,

कहना तुझे ये था कि तू,
दिलकश है हमसफर नहीं,

परदेस जाने भा गया,
तुमको मेरी खबर नहीं,

आगे बढ़ा करते है फिर,
इक बस यही हुनर नहीं,

आशिर भले तू लाख कह,
दिल मानता मगर नहीं,

तुमने कहाँ कहा कभी,
सुनना मुझे जो था कभी,

इतना तो याद रखते तुम,
गुज़रा था रासता कभी,

दिल उस जुलम के बाद से,
हसता है कांपता कभी,

उन खुशनसीब राह से,
मुड़के इधर भी आ कभी,

मैं अपने गम को ओढ़कर,
किसी को ढूंढता कभी,

अच्छा तो छे बरस लगे,
तुमसे भी कुछ भी था कभी,

वो याद साथ लाती है,
अब हाथ में निशा कभी,

आशिर किसी के नाम से,
दिन रात रूठता कभी..

रोग लगने से परे इतना था,
मैं अकेला ही बहुत अच्छा था,

अब रहा करते है हम दोनों ही,
पहले मैं और कोई मुझसा था,

अबके तस्वीरें खींचा लेनी है,
जो अचानक न लगे ऐसा था ?

रात के बाद के उन बातों में,
तू बड़े वादे किया करता था..

अजनबी लोग मिला करते थे,
चंद लम्हों के लिए हसता था,

मैं किताबों के अलावा भी कुछ,
फूल बस्तों में कभी रखता था,

क्यूँ वो जोगन बन चुकी है अभी,
कोई आशिर पास में रहता था ,

आप आंखों में बसा लेते हो,
दिल को साहिल ही बना लेते हो,

जितना भी प्यार मुझे मिलता है,
आप थोड़ा सा बचा लेते हो,

दर्द साँसों में उतर आता है,
आप बाहों में छिपा लेते हो..

कम से कम दिल का भरम रख लेते,
रोज़ एक फूल ख़िला लेते हो,

रोज़ कितने ही ख़ुदा बदलोगे ?
हर जगह सर ही झुका लेते हो,

मैंने जो लड़ के किया है हासिल,
आप वो हुस्न से पा लेते हो..

दोस्ती जान है आशिर के लिये,
पूछ लेता हूँ निभा लेते हो..?

अब और जाने जाँ नहीं,
आखिर किया मैं क्या नहीं,

तुमसे मेरा वो वासता,
अच्छा हुआ बढ़ा नहीं,

ज़्यादा कसम वो खा गया ,
जब झूठ कुछ बचा नहीं,

कुछ दूर साथ चल सके,
वो काफिला मिला नहीं,

हिम्मत करो कि इश्क़ भी,
होता है जावेदां नहीं,

वो लौट आया फिर मगर,
लम्हा भर भी रुका नहीं,

चिलमन कि आग बुझ गयी,
आशिर पूरा जला नहीं..!

रोज़ ही रोज़ की लड़ाई है,
किसने उम्मीद-ए-लौ जलाई है,

हमने पत्थर से फूल को मारा,
क्यूं ये खुशबू इधर को आई है,

अश्क आंखों में अब ठहर लेते,
ज़िंदगी की यही कमाई है,

पा लिया प्यार अब जहाँ भर का ?
अब तो आजा की जग-हसाई है..!

वो जो खुश था बड़ा बिते सालों में,
मैं तो कहता था आगे खाई है,

ख़ाब क्या हम सभी जला बैठे,
जो बड़ी अच्छी नींद आई है,

कोइ तो बात कहनी होगी ना ?
जो मुझे फोन तू मिलाई है ,

मैं अगर अब भी घर को जा सकता,
फिर तूने मय ही क्या पिलाई है ..

जिस जगह काम करना था ईरफान,
तूने किस्मत ही आजमाई है ..

फिर आप भी तो मुस्कुरा के चल दिए,
किस्से कहे कि दिल दुखा के चल दिए,

वो खुशबुओं की खैर हो जो आज फिर,
यूं हाल अपना फिर बता के चल दिए,

उससे हुवे जो दूर तो अच्छा लगा,
हम दो दिलो को पास लाके चल दिए,

फिर आइने में सुर्ख चेहरे ने कहा,
वो ख़ाब में फिर आज आ के चल दिए,

किस्से कहे कि कौन सा किसका था हक़,
जो शेख साहब अब दबा के चल दिए,

कुछ दूर चलते रहने का वादा था और,
फिर आप भी वादे निभा के चल दिए,

वो रूठने तक ठीक है लेकिन ये भी,
वो आज फिर डीपी हटा के चल दिए,

आशिर ज़-ख़म के तीर अपनो के ही थे,
गैरों के तो बस आजमा के चल दिए,

खुश्बू व मुहब्बत व मिरे खार वहीं से,
लाया हूँ मैं चुनके वो सभी यार वहीं से,

फूलों से भरी डाली थी दुनिया वो हमारी,
चुनते गये है फूल खरीदार वहीं से,

रखते है ऊंची जात निगाहों से गिराकर,
अकसर मिला करते है वफादार वहीं से,

कोठे पे जो बैठी है कभी इश्क़ नहीं की ?
मिल जायेंगे तुम्हे भी अदाकार वहीं से,

दौलत से खरीदा हो सभी खून-खराबा,
छपते है वो हत्यारों के अखबार वहीं से,

रोया न करो माँ इन्ही लाशों से लिपटकर,
चलते है सभी धर्मों के बाज़ार वहीं से,

कैसी ये रपट लिखवा रही बच्ची मेंरी तुम,
आये है नमक खाके सूबेदार वहीं से,

ईरफान की दुनया में ग़ज़ल कहते है जिसको,
लाया हूँ तेरे वास्ते ही श्रृंगार वहीं से,

आई नहीं खबर भी मुझे अबकी गाँव की,
मिलने को उड़के आती है बस मिट्टी गाँव की,

ऐसे कहाँ को जा रहे ये छोड़ छाड़ सब,
चुपचाप रो रही है अभी खिड़की गाँव की,

ऐशो अराम पा लिये दुनिया के सारे अब,
सुकूं मगर जो छांव में मिलती थी गाँव की,

पलको पे आये कितने ही अनजान लोग पर,
हरदम रही वो दिल में बसी लड़की गाँव की,

हैवानियत की हद से भी आगे वो बढ़ गये,
तुम लड़ नही सके तो लड़ी बच्ची गाँव की,

बेटी ने प्यार छोड़ के पापा से कह दिया,
मैली नहीं हुई हैं अभी पगड़ी गाँव की,

ईरफान तुम भी छोटे से कपड़ों पे फिदा हो,
कत्ले करा देती है कहीं बिंदी गाँव की...

फिर इश्क़ की हवा चली रुखसार पर मिरे,
गिरते है ओले जैसे कि दीवार पर मिरे,

मैं मुंतज़िर हं जिनके कभी लौट आने का,
वो हस रहे है अबके इंतेज़ार पर मिरे,

जैसे पत्थर दरार में से फूल खिलते है,
वैसा गुरूर मुझको भी था प्यार पर मिरे,

मैने तो बस किया था मुहब्बत ही तुमसे जां,
कीचड़ उछाल क्यूं दिया किरदार पर मिरे,

ज़ख्मों से आ रही जो सदा ज़ार ज़ार ये,
ताली बजा नुमाइशे बाज़ार पर मिरे,

कैसे बड़ी बेटी मेरी यूं प्यार कर गयी,
ये खानदानी खून है तलवार पर मिरे,

बस एहतेराम रख लेते गुलाब का सनम,
यूं थूक दोगे ऐसे तुम इज़हार पर मिरे..

हमने नहीं कहा है छुप-छुप के देखते रहना,
आँखों की ये शरारत है आपको तकते रहना,

क़ुर्बा जाऊँ मैं आपके किलकारियों के वास्ते,
आपकी वो मुस्कुराहट, मेरा वो हस्ते रहना,

मेरा तो चाँद पानी में पिछली शब उतर गया,
दुनिया बता रही थी आसमान ढूंढते रहना,

मैंने जो फूल तोड़े भी आपको देने के लिये,
खुद देर तलक मेरा वो खुद बाते करते रहना,

खामोशियों की ज़द से चिलमिलायेंगे जब हम,
खुद जा गले लगेंगे.. उसपे भी सिमटे रहना..,

ईरफान आज तुमने होंठों पे बात ला दी,
कह भी सके न कुछ भी और होंठ कांपते रहना..

गुनगुनाने को कहानी है बहुत,
आँख में वो सूखा पानी है बहुत,

सोचकर ये चुप हुवे नादान हो,
तुमपे गुस्सा रायगानी है बहुत,

जो मुहब्बत कर गया उसे मार दो,
गाँव मेरा खानदानी है बहुत,

रात वो चिराग़ मैं जलते रहे,
रात में इतनी वीरानी है बहुत,

लग गयी दीमक मुहब्बत की अगर,
ज़िंदगी फिर मात खानी है बहुत,

हर वक़्त मुमकिन नहीं तुम खुश रहो,
दास्तां-ए-गम गवानी है बहुत,

एक कहानी जल गई है पेड़ पर,
आग जंगल की दबानी है बहुत,

आओ न एक बार चले आसमान में,
उजड़े दयार पर वो पुराने मकान में,

शिकवे न बंदिशें न अहद अबके दरमियां,
गूंजे नहीं जहां कोई आवाज़ कान में,

तुमसे हुआ जो दूर तो खुश है सभी यहां,
हसके गले मिले है सभी खानदान में,

वो आखरी तस्वीर जो पूछते थे कौन है,
बच्चों ने फाड़ दी है अभी खीचतान में,

अपनी पसंद की खुशयां लेलो गम के सौदे पर,
अब नापतौल क्या करे अपनी दुकान में,

सुनसान रात और वही सब पुराने दिन,
बस्ती बसा चुकी है अभी ईरफान में

वो आज बचा लाया है आँसू जो चुरा के,
बचना के कहीं दे दे उसे ज़ख़्म बना के,

पिंजरे के परिंदों को ये बतलाया गया है,
आज़ाद हो तुम आज से पंखों को गवा के,

रहना था तेरे दिल में वही दिल में कभी जो,
ठुकरा दिया करता था मुझे अपना बना के,

बादल के तरफ़ देख के यूँ सिसका है मेरा गाँव,
फिर जान चली जायेगी सूखे का बता के,

खुशियों का गिला है के तुझे गम है जो प्यारा,
बेइज़्ज़त किया है तूने करीब हमको बुला के,

दिल रो पड़ा करता है जिसे सोच के हरदम,
मुस्काना है महफ़िल में कहानी वो सुना के,

मरता था के ईरफ़ान वो लड़की है के प्यारी,
बैठी है किसीको कैसे बाज़ू में सुला के...

इक सर्द रात के मौसम में कांव कांव करा,
ये नींद और किताबों में फिर चुनाव करा,

बता के मार देते तुम के दिल के करीब हो,
मगर के यार तूने भी नमक से घाव करा,

जला हूं रात में के इंतज़ार करते हुए,
क्या के अबके अगर तुमने दिन में छावं करा..?

बता रहे है ये आँसू के धर्म नाम पे फिर,
खुदा ने प्यार वगैरा में भेद-भाव करा,

हवा में छोड़ दो उन जुगनुओं को जलते रहे,
सवाल अब ये है क्यों इतना रख-रखाव करा,

रहो बेताब तो तुमसे क्यों मिले इरफ़ां,
नही कभी तूने उसके काटों पे पांव करा ..

ये तुम नहीं तो कौन है, सता रही मुझे अभी,
ले अपनी बाह रात में, सुला रही मुझे अभी,

अजब गजब ख़्याल है, अजब गजब ये रात भी,
सजन सजन ये कहके तुम, बुला रही मुझे अभी,

यूं चाह की कशिश भी थी, यूँ आग दरमियां बहोत,
यूं याद आके आज तुम, जला रही मुझे अभी,

ये चांदनी से बात कौन धीरे धीरे करता है,
ये आसमां में चांद फिर दिखा रही मुझे अभी,

बस नाम ही तो काफी है, तबा मुझे न कर दो तुम,
यूं लाके पास चूड़ियां खनखना रही मुझे अभी,

न पूछ अबके हाल क्या, तेरे दीवाने का हुआ,
यूँ रात दिन वो यादें फिर, जगा रही मुझे अभी,

ये तुम नहीं तो कौन है, सता रही मुझे अभी,
ले अपनी बाह रात में, सुला रही मुझे अभी,

भले थी लाख मुश्किलें ठहर सकते थे हम दोनों,
किया है खून इक दूजे का क्या ऐसे थे हम दोनों..?

दबी सी रह गयी सांसे बिछड़ कर तुमसे ओ दोस्तां,
फ़िज़ा बच ना सकी जिसमें हंसा करते थे हम दोनों,

ज़हन के कइ सवालों में इक ये भी आ रहा था कि,
जहां ने दूर किया फिर, तो क्या प्यारे थे हम दोनों..?

न चल सकते थे कुछ दूरी, न बातें करते कुछ पूरी,
कभी समझा नहीं क्यों मैं ये, क्यों मिलते थे हम दोनों..!

बहारों में महक फैली, गुलाबों के कलर निखरे,
चली थी खुशियां भी साथ, जब चलते थे हम दोनों,

उदासी चांद भर लाया है अबकी अपनी आंखों में,
देखा करता था जब वो, साथ में रहते थे हम दोनों..

इतना बता दूं तुमको वफ़ा कर रहा हूँ मैं,
धीरे से तुम्हें खुदसे जुदा कर रहा हू मैं,

लड़ना नहीं होगा कि समझदार हो गया,
पगली रे तुझको अबकी विदा कर रहा हू मैं

जब आ गया था पास तुम्हारे कभी कोई,
कहती थी तुम मुझे की खफ़ा कर रहा हू मैं,

नाज़ुक से उसके हाथ खिलौने न लग सके,
दिन रात अब खुदा से दुआ कर रहा हू मैं,

जाता हूं अजनबी के शहर सोच के यही,
लगता रहे उसे की मज़ा कर रहा हूं मैं,

जो कौड़ियों के भाव महब्बत ये बिक रही,
उस दलंदले में कुछ तो नया कर रहा हू मैं,

तेरी जुस्तजू में जलता हूँ,
जब मैं चांदनी में टहलता हूँ,

तेज़ हवाओं में झुलस जाता,
बारिशों में कभी बहता हूँ,

जब कभी झुमके छूते उसे,
उसके कंगन में, मैं बजता हूँ,

शौक में बनवाई तस्वीर जो,
अब उसे देखने से डरता हूँ,

मेरे जित्ता(जितना) तो कोइ हसता नइ,
तुमको लगता है मैं तन्हा हूँ...

बस इक लड़की को तो सुनता था,
बाकी सबको तो मैं सहता हूँ,

सब ये तुम चीखने क्यूँ लगते हो ???
जब उसे अपना मैं कहता हूँ...

लाश हो बाप पर बेटे की,
ज़िंदगी को वैसे ढोता हूँ,

तेरी याद एकाएक आती है,
जग जाता हूँ कब, कब सोता हूँ...

सब भूलने की बात वो कहके चली गयी,
ये आखरी है रात वो कहके चली गयी,

था कुछ ज़हन में मेरे जो इक बार ना सुना,
मलते रहो तुम हाथ वो कहके चली गयी,

इतनी ज़रा सी इल्तज़ा इतनी बड़ी सी चोट,
मत मुझसे करना बात वो कहके चली गयी,

जिस साये में बैठा रहा उसको गिरा के खैर,
तुम खा गये हो मात वो कहके चली गयी,

रहने को दिल भी था मगर दुनिया चुन ली फिर,
बिल्कुल अलग है जात वो कहके चली गयी

चाक-जिगर तो न था की बताता फिरूँ,
तुझसे आशिकी-आशिकी गाता फिरूँ,

तुझपे माईल है कि मुझे धोखा देदे,
और फिर प्यार तुझको जताता फिरूँ,

मौत मिलती अगर रोज-ए-शब यहां,
किस्से वहशत के हर दिन सुनाता फिरूँ,

कापतें होंठ छुड़ा गयी ऐसे तू,
दाग सारे लगे अब छिपाता फिरूँ,

उस जगह नाम कर आ गया दोसतों,
जिसकी झूठ-मूठ कहानी बनाता फिरूँ,

याद ही बच गयी खुदखुशी फिर क्या,
मारकर जिस्म दिल-दिल चिल्लाता फिरूँ,

मुझमे जी तो रहा पर तु आशिर बता,
कब तलक जान तुझसे छुड़ाता फिरूँ ..?

तुम जां ले गये हो, हम जां लुटा आये,
दिल लगना था तुमसे, हम जां छुड़ा आये,

रो लो कि अब शब नहीं, जो सुबह होती रही,
गम दिखते थे जिनपे, वो बुत गिरा आये,

रह-रह के उठती थी, शोला-ए-आवारगी,
हम तेरे दरमियां, सर-हद मिटा आये,

खिलौनों के खातिर, गाड़ियों के पीछे,
बच्चों ने जब ज़िद की, उनको रुला आये,

आशिकी में तुम भी, बोलो ना तुम आशिर,
जो बन रहे थे पीर, खुदको भुला आये ।।

तुमने दिया साथ नहीं, साथ निभा वो न सका,
घाव छिपा मोम ने फिर, अंधेरे की प्यास बना,

राह में बिखरे थे वहां, आस के मनजर ही बहुत,
आँख से आँसू न बहे, लफ्ज़ न होंठो पे रहा,

रात में यूं जाग के तुम, बात न खुदा से करो,
पूछ लिया उसने कहीं, रोक रहा था तू रुका ??

खौफ कहा जाये ये अब, हमसे लिपट जाये ये अब,
बचपने में था ये मिला, होते रहा और जवा,

पास बुला बैठ वही, शाम में दो कश भी लगे,
चाय के दिन चल के वहीं, काट ले हम फिर इक दफा

जो बात अब तक ना हुई, वो बात हम दोहरा रहे,
उसने ये पूछा नहीं, क्यूँ दूर इतना जा रहे,

हमको ये मंज़ूर था, तुमसे ये रंजो सितम,
मैं कब ये बोला तुम्हें, तुम अब मुझे सतआ रहे,

लो आ गया हुँ मैं भी, घर-गाँ के चौखट तले,
आंसू तेरी आँख में, जो सर-ब-सर शर्मा रहे,

जुल्फें उसकी भीग कर, देखी है जो इस तरफ,
खिड़कियों की आड़ में, खुदको ये हम छिपा रहे,

बाते किए रात भर, ऐसे की सब आप हो,
होंठों तुम्हें देखकर ये, गज़ले हम सुना रहे,

तोहमत नहीं क्यूँ इनपर, बोलते नहीं क्यूँ आशिर,
अब जाँ छटक रही है, तुम हाथ मेरा दबा रहे..

उसने ये पूछा नहीं.. क्यूँ दूर इतना जा रहे..

रंग चेहरे का उतर जाये मुझे कॉल करो,
याद ज़ब हद से गुज़र जायें मुझे कॉल करो,

सर्द रातों में हसीं खाब नज़र आते होंगे,
नींद आँखों से उतर जाये मुझे कॉल करो,

छेड़ते रहते है मौसम के तलबगार मुझे,
फूल कलियों पे बिखर जाये मुझे कॉल करो,

वो तमाशा है मुहब्बत की जवानी भी गयी,
इससे पहले की उमर जाये मुझे कॉल करो,

आँख मेरी तो मुसलसल ही तका करती है जां,
जो जखम और निखर जाये मुझे कॉल करो,

फिर वो ताल्लुक भी नहीं रखना की घबराकर के,
मेरे मरने की खबर जाये मुझे कॉल करो,

~इरफ़ान

दो चार बरस धूल उड़ी याद में तेरे,
कहने को सभी बात कही याद में तेरे,

कैसे थे बने फूल ये माली को पता है,
रंगत तो अभी खैर गई याद में तेरे,

किसने ये नवाजा है बड़ी उम्र ये मुझको,
इतनी ही तो मुश्किल सें कटी याद में तेरे,

आँखें भी थी हैरान की वो छोड़ गया है,
आईने में कुछ साल रही याद में तेरे,

बुतखाने भी मैखाने भी हर शम्स गया हूं,
बेचैन सी दुनिया भी लगी याद में तेरे,

इरफ़ान की कंगन वो ही पायल वो ही झुमके,
इस बार भी आवाज़ सुनी याद में तेरे,

~इरफ़ान

नज़्म और कल्पनाएँ

बारिशें मुबारक

बारिशें आ गयी बताये बिन,
कैसे जाए भला भिगाये बिन,

तुमसे उम्मीद थी तो आने को,
खाली कमरा मेरा भर जाने को,
आज तेरी भी बूंद भारी है,
तेज बरसने की जिम्मेवारी है,
देख बाबू मेरा ये घर है कच्चा,
अब नहीं चल रहा नसीब अच्छा,
पिछले बारी खराब पंखा हुआ,
बिजली के तार में भी खर्चा हुआ,
कल मुन्ना भी बीमार पड़ ही गया,
थोड़ा खर्चा भी और बढ़ ही गया,
सड़के भी सामने की भर जायेगी,
जाने सरकार कब ये बन वायेगी,

रोज़ मर्रा की ज़िंदगी में अबके,
फिर नहीं जायेंगी सताये बिन,
बारिशें आ गयी बताये बिन.
कैसे जाए भला भिगाये बिन..

याद भी दिलरुबा की आती है,
एक नज़र जेब पे चल जाती है,
बारिशें फिर हसीं तो हो जायेंगे,
ख़ाब देखेंगे तो सो जायेंगे,
आखरी खत भी भीग जाने दिया,
और तस्वीर भी फिर हवाले किया,
याद आती रहोगी इनसे तुम,
कैद कबतक रहोगी इनमे तुम,
एक बारिश तुम खूब रो लेना,
अच्छा होगा मुझे तुम खो देना,
चाहती जो हो तुम मेरी रानी,
सच कहा तक करूं भला कहानी,
रोज बिजली पड़ा ही करती है,
घर की चौखट भी इससे डरती है,
एक ये बूंद बूंद टूटे है,
हौसले लगते सारे झूठे है,

जा नहीं सकती ऐसे बारिश में,
याद उसकी कभी रुलाये बिन,
बारिशें आ गयी बताये बिन.
कैसे जाए भला भिगाये बिन..

~ईरफान (आशिर)

साहब का गधा

मैं तो साहब गधा हूं लेकिन फिर,
आप भी अब मेरी नकल करते,
अब इशारे है बॉस के सबकुछ,
आप कटपुतली बन चुके सबके,

मैं तो फिर जन्म से गधा हूं सर,
अपनी बुध्दि से तो बंधा हूं सर,
मुझको वैसे भी घास दे दो आप,
रहने को फिर जगह भी दे दो आप,
फिर मुझे और जिंदगी में क्या,
फिर गुलामी सी नौकरी में क्या,

कुछ नहीं सीखने सिखाने को,
बस मैं लायक हूं बोझ उठाने को,
आप तो खूब पढ़ लिये साहब,
बी.ए - म.ए भी कर लिये साहब,
आप तो राह फिर नई चुनते,
नौकरी के लिये नहीं अबके,
सीखने के लिये गये होते,
काम वो बॉस का नहीं होता,
आप अपनी तरह का कुछ करते,

खैर मैं डाट मार भी सहता हूं,
मैं गधा हूं गधा सा ही रहता हूं,
खैर आपको पसंद है ये सब ?
आखरी बार डाट खाई थी कब ?
सैलरी के पीछे कब भागे थे,
जो मिले काम किये जाते थे,
काम में दिल भी जब लगाया था,
दूसरा ही काम याद आया था,

आप जंजाल से बंधे क्यों है ?
आप भी मेरी तरह गधे क्यों है ?

मुझको अपनी तरह नज़र आते है,
सच कहूं आप भी घास खाते है ..

~ ईरफान (आशिर)

दिल अभी भरा नहीं

कभी तो तू करीब आ, कभी तो मुस्कुरा दे तू,
वो दिल की धड़कनों को सुन, वो ख़ाब सब जता दे तू,

मैं होश खो रही हूँ अब, तेरे हसीं ख़याल में,
तू मुझको छू के होश ला, ख़ुमार सब उड़ा दे तू,

यकीन कर की पास हूं मैं धड़कनों की आस हूं,
मेरी निगाह नाज़ से तू दूर तो गया नहीं,

अभी न जाओ छोड़ के की दिल अभी भरा नहीं, (2)

ये तन बदन महक रहा, ये जाम फिर छलक रहा,
मैं बाहें अपनी खोल लूं, जो खुशबू अब चुरा ले तू,

अगर मगर की चाह में, मुहब्बतों की राह में,
कबूल कुछ किये तो जा, नसीब फिर जगा दे तू,

जो बात तुम कहे नहीं, धड़क रहा उसी पे दिल,
लबों को खोल दे ज़रा, वो होंठ अब हिला दे तू..

अभी अभी की बात है कि आज भर की रात है,
इधर तो देख चांद को ,बता की शब जवां नहीं,

अभी न जाओ छोड़ के की दिल अभी भरा नहीं, (2)

ईद की पहली फोटो

मुझसे मत पूछो की दिल कितना बेकरार है,
हाय उसके ईद की पहली फोटो का इंतज़ार है

संवरने से पहले जो सोचती है मुझको,
देखना मैं आज घायल करूंगी उसको,
मेरी वो फोटो को ज़ूम करता रहेगा,
जितना भी देखे उसका दिल नहीं भरेगा,
लाऊंगी की चेहरे पे मीठी सी लाली,
सिवईयां भी फीकी लगेंगी अब सारी,
मख़मल से हाथों में दो जोड़ा कंगन,
उसके हृदय में हाय उठती सी अनबन,
लायी हूँ चुनके वो फूलों से कपड़े,
दिल को गुलिस्तां के खुशबू से भरदे,

उसके काजल की गहराई डुबोने को तैयार है,
हाय उसके ईद की पहली फोटो का इंतज़ार है

जब वो बालों से पानी झटका करेगी,
आईने की नज़र तब उसको लगेगी,
सितारों सा आँचल जब सर पे चढ़ेगा,
पहली दफा चाँद ओढ़नी में होगा,
कानों के झुमकों में हलचल सी होगी,
गालों की चुबन भी मख़मल सी होगी,
कांधों पे दुप्पटे की सिकुड़न का कोना,
वो उलझे हुवे बालों पे उनको पिरोना,
लाइनर जो आंखों में लगाई वो होगी,
आईने में खुदसे भी शरमाई तो होगी,

एक उसके झुमके में पूरा सिमटा हुवा प्यार है,
हाय उसके ईद की पहली फोटो का इंतज़ार है..

फ़िज़ाओं की लाली बताती है अबतक,
गुलबदन खुशबू से नहाली है अबतक,
इत्तर जो उसने हथेली पे रगड़े,
होंठों पे शबनम की बूंदे भी चमके,
हाथों में कंगन की खनखन या मौला,
पैरों में पाज़ेब की छनछन या मौला,
समझा फ़िज़ाओं ने नज़्में क्यूं लिख्खे,
गुल उससे मिलने को चाहत में भटके,
उठाई जो नज़रे फ़िज़ा में एक बारी,
दरख्तों में इश्क़ की लग गयी बीमारी,

घायल वो मुझको भी करदे या मौला,
आंखों पे नगमे अब छलके या मौला,
दीदार-ए-गुल की अब करदे या मौला,
दीदार-ए-गुल की अब करदे या मौला,

अब उसके बस online आने का खुमार है,
हाय उसके ईद की पहली फोटो का इंतज़ार है..

मुझसे मत पूछो की दिल कितना बेकरार है,
हाय उसके ईद की पहली फोटो का इंतज़ार है

~ईरफान

EXam

Syllabus की तरह तुम धुंधली हो रही हो,
Revision यादों का क्या तुम भी करती हो ??

बिछड़ने के सवालात मुझको tough से लगते है,
हमारे उन लम्हों को अच्छी grading देती हो ?

अबकी बार जवाबों में diagram भी बनाऊंगा,
नहीं समझूंगा की तुम तो सब समझती हो,

मैं कोई back-paper देना चाहता हं इश्क़ में,
मेरे लिए तो तुम छूटे हुवे exam के जैसी हो...

पत्तियाँ

वो हवाओं में लिपटी जो पत्तियाँ है,
माँ कि वो कोख़ से निकली बच्चियाँ है,

डालियों पे ही झूमकर वहीं पलती हैं,
हर किरन में ताजा सी होकर खिलती हैं,

परवरिश जिनकी एक पेड़ के हाथों में,
तरबियत होगी मौसम की मुलाकातों में,

उनमें से कुछ वो पहले ही झड़ जायेंगी,
और कुछ ज़िंदगानी को लड़ जायेंगी,

जो हवाओं की ख़ुराक से बच गयी,
डालियों पे वही लड़कियाँ सज गयी,

कुछ में इठलाती सी कलियां आयेंगी,
कुछ में फल आये तो चिड़ियां आयेंगी,

कुछ में पीली चमक की सुनहरी लड़ी,
मौसमों में नहाकर कही शबनमी,

कुछ अवारा हवाओं की साथी होंगी,
मन मचल जाता होगा वो झूमती होंगी,

कुछ के चेहरे पे शायद दाने भी होंगे,
उनके फिर तन पे सबके ताने भी होंगे,

रोग भी कुछ को अंदर से खाती होगीं,
तुम बूढ़ी हो रही हो बताती होगीं,

मुख़्तसर सी कहानी होती है इनकी,
चंद दिनों की जवानी होती है इनकी,

जीते-जी अपना किरदार निभाया भी है,
पेड़ के वास्ते खाना पकाया भी है,

डालयों पे ये साड़ी सी लिपटी भी हैं,
देखो तो पेड़ के सर कि पगड़ी भी हैं,

डालियों में अगर टूट आती है फिर,
पत्तियाँ भी वो साथ में मर जाती है फिर.. ।।

~ईरफान

शोर

शोर एक शोर,
बाहर से ज़्यादा अंदर का शोर,
मैं खामोश हूँ उस शोर को अपने अंदर सोखना है,
पर वो रोशनी के साथ बढ़ती हुई,
हर एक सांस में घुलती हुई,
मुझे आवाज़ देती हुई, मुझमें ही चीखती हुई,
रगों में दौड़ती हुई, दूर दुनिया से करती हुई,
शोर एक शोर,
जैसे मैं इनमें से हूं ही नहीं,
क्यूं मुझमें औरों की तरह खुशी नहीं,
उस शोर को गले लगा लेता,
तो शायद शांत होता सब,
उस शोर से कुछ बोल लेता,
तो शायद शांत होता सब,
क्या था नहीं पता पर मैं मैं नहीं था,
एक शोर में खोता गया,
और फिर उसका होता गया,
शोर एक शोर...

~ईरफान

पर मुलाक़ात हो.

आज कितने करीब आ गयी थी वहां,
ढूंढता रह गया तू कहां तू कहां,
ऐसे भी दिन निकाले गए पहलू में,
हार कर सब पूंजी बैठे है काबू में,
हा वही पूंजी जो लेखनी कहता हू,
तूझे भी मालूम है तुझे लिखता हू,
शायरा मेरी खुश दिखती है अब थोड़ी,
मुस्कुराई भी वो तितली की हो पंखुड़ी,
खूबसूरत हो गयी और आंखें अभी,
चेहरे पे खिलती है लालिमा शबनमी,
वो कलाई नहीं देख पाया मगर,
वो कलाई कभी जो मेरे हाथ में,
बीत जाते थे दिन वो युही साथ में,
रहता था मैं गुलों के महक के तले,
ऊठाती थी ज़िंदगी सब नखड़े मेरे,
बोलता था कभी रूठ मत जाना तुम,
जानती हो मुझे मेरी ओ जाना तुम,
अब दुबारा सहा जाना मुमकिन नहीं,
टूटकर फिरसे संभलना मुमकिन नहीं,

पर कहीं दूर शायद निकल चुकी हो,
बाल अब बांधती हो जुड़ा करती हो,
अब शिकायत नहीं होगी शायद तुम्हें,
की नहीं होता कोई तो अच्छा होता,
प्यार बिना ही हर राह अच्छा होता,
अब गया सो गया जाने दो मेरी जां,
मुस्कुराती हो अच्छा बहुत मेरी जां,
अब बचाकर रखो इस हंसी को कहीं,
मुझसा हैवान ना ले जाये इसको भी,
मेरा क्या मैं तो इंतेज़ार में की रात हो,
ख़ाब ही तो सही पर मुलाक़ात हो...

~ईरफान

lecture

देखता हूं board सुनता हूँ lecture शायद,
पर दिमाग में चलती रहती कोई picture शायद,
आ जाता कुछ कुछ आँख में moisture शायद,

Table पे सर पटकूं या चीख ही दूं class में,
ऐसे सीने में चुभता है कोई fracture शायद,

अंधयारे ने जब नही समेटा, परवानों ने दहक चुनी,
दर्द का पहलू बन बैठा, है उनका nature शायद,

मत बोलो sir इसका ये character इसका ये,
याद है मुझको उसका एक एक feature शायद,

सम्भल जाते यहां तो एक मुद्दत बाद सभी,
बना दिया गया हूँ मैं अज़ीब creature शायद,

तुझको भूल जाने की इन खुशियों में..
मर जायेगा अब तेरा ये actor शायद,

देखता हूं board सुनता हूँ lecture शायद,
पर दिमाग में चलती रहती कोई picture शायद,

~ईरफ़ान

तुम हील्स क्यूं पहनती हो ?

तुम हील्स क्यूं पहनती हो

मुझको तुम ऐसे ही अच्छी लगती हो,
तुम हील्स क्यूं पहनती हो,

तुम्हारे संग घूमने का इरादा है मेरा,
फिर आज संग भीगने का इरादा है मेरा,
चलेंगे फिर कही इस बार शोर से परे,
कोई तट हो नदिया हो जमुना तीरे,
तेरे नाम का नशा चढ़ा लूंगा उस वक़्त,
कोई शाम जब ढल रही हो धीरे-धीरे,
यूं अबकी तुझे कही ले जाऊंगा मैं,
दुनिया को फिर तुझे न लौटाऊंगा मैं,
थाम लेना तू हाथ मेरा बस इक आवाज़ पर,
फिर दौड़ पड़ेंगे कहीं हम इक साज पर,
पर याद है मुझे तुम अक्सर लड़कड़ाती हो,
दर्द क्यूं सहती मेरा दिल दुखाती हो,
वो सज्जा ही क्या जो तुम्हें चुभती हो,
यार.. तुम हील्स क्यूं पहनती हो,

हर रंग के चांद को तेरे कानों में पिरोता मैं,
तेरे लिए चांदनी बाज़ार से झुमके खरीदता मैं,

बनारसी घाट पे वो पायल भी लगी है,
जिसमे प्रेम के माला की मोतियाँ जड़ी है,

इलाहाबाद के संगम पे फिर मिल जाते हम,
आंखों में खुशियां होती आँसूं होते कम,

धनबाद के पुराना बाज़ार में कोई गीत गाते,
बरसात में गया सिंघ की लिट्टी खाते,

फिर कुल्लहड़ की चाय तुम होंठों से लगाती,
मेरी चाय ठंडी और आँखें तुझमें डूब जाती,

कानपुर की मेट्रो से अपना शहर घुमाता,
क्या क्या कहा किये है कांड सब बताता,

मुग़ल सराय मिर्ज़ापुर चुनार सब अपना है,
दिहाती भाषा घर परिवार सब अपना है,

बनारस के पनवाड़ी पे मीठा पान खिलाता,
शाम की वो गंगा आरती अस्सी घाट पे दिखाता,

पर डरता हूँ घाट पे तुम फिसल न जाओ,
यूँ डगमगा के मेरी तुम सांसें न बढाओ,

इतना सजना धजना क्या तुम मुझमे बस्ती हो,
मैं इकदम पिघल जाता हूँ जब तुम हस्ती हो,
तुम अपने पैरों को फिर क्यूं यूँ दुख देती हो,
तेरी ज़ुल्फें ही काफी है तुम खूब अच्छी हो,
फिर क्यूं तुम खुदको इतना तंग करती हो,
यार... तुम हील्स क्यूं पहनती हो,

मुझको तुम ऐसे ही अच्छी लगती हो,
तुम हील्स क्यूं पहनती हो,

लापता सवाल

एक सवाल था , किसी ने किया था,
जिसका जवाब कुछ तो दिया मैं,
जो मन में था बोल दिया उस वक़्त,
लेकिन वो सवाल बैठ गया ज़हन में,
उस का जवाब ना तब दे पाया न बाद में,
जो उसको पसन्द आ सके, और मुझे भी,
न जाने वो क्या सुन्ना चाह रहा था,
और उसे मेरे जवाब ठीक क्यूं नही लगे,
मैं सोचता और बहस करता खुद से,
कुरेदता अपने ज़हन में की आखिर सच क्या है,
उसके सवालों का सच्चा जवाब,
जो उसे ठीक लगे या चाहे न लगे,
पर वो जवाब जो बिना किसी मोह के हो,
वो जवाब जो उसको खोने या पाने से,
पहले की सोच में ज़हन में उतरा हो,
सब कुछ शून्य करके शुरू में जब वो न था,
और बस मैं था इस 'हम' में, तो किस आधार पर,
मैं उस वक़्त जवाब देकर टाल दिया ,
पर उसको सोचता रहा उसकी बातों में,
और अब पूरे एक साल बीत गए हैं ,

मैं जवाब ढूंढ चुका हूं उस सवाल का,
और उस जवाब पे यकीन भी है की वो सच्चा है,
पर अब उस जवाब को कौन सुने,
पूछने वाला बस सवाल छोड़ गया,
और मैं आतुरता से शांत रहता अब,
एक दबी सांस की तरह जो चुभती हो,
जो खुलके बाहर आना चाहती हो,
पर उस जवाब को बस एक गूंज मिली है,
वो सवाल जो बस एक गूंज है अब..
एक गूंज... Why me? मैं ही क्यूँ..?

~इरफान

खराब मौसम

राह में ज़ंजीर वही पड़ी है, उसपे अब चढ़ के नहीं जाता,
हा जुनून अब भी वही है, पर है कौन जो इस पे टोकने आता,
वो धीमी बारिशें, उसके बालों को छूती ठंडी हवाएं,
फिर वही तारीखों में उलझ नए रूप में सामने आई है,
अबकी वो तो नहीं पर उसके जैसी ही एक तन्हाई है,
और बारिश में टहल संकेंगे, संग अपने छतरी लाई है...,

वही सड़के, वही दरख़्त, वही सीढियां,
मुलाकातें याद दिलाती है,
जब जब देखूं गुज़रु पास से इनके,
खिलखिलाती आवाज़ें आती है...,
इंतेज़ार में बैठा एक शक़्स आज भी वही जा बैठता है,
न जाने आंखें क्या तरस रही, न जाने क्या देखा करता है,
शायद देखता हो वो लम्हात के पल जो गुज़ारे गये है सब,
सामने ही कैसे एक एक करके मारे गये है सब...

इन हसी वादियों में क्या उन्हीं फूलों को देखता रहूंगा..?
जो फूल तुम्हारे लिए कुछ नहीं उन्हें सींचता रहूंगा..?
तुम्हारी मर्ज़ी के मुताबिक ये दिन, तारीख,
मौसम तो नहीं आएंगे,
ये कोई मैं तो नहीं जो तुझे अच्छा न लगे
तो चुप हो जाएंगे...
तू बता कोई बात करे तेरी तो क्या कहूंगा,
इतने खराब मौसम में मैं कैसे जीऊँगा..??

शायद

मेरी बेबसी की इन्तेहाई है शायद,
हर शख्स से मेरी रुसवाई है शायद,
रोते रोते तो तुम सो जाते होगे,
जागने वालो की कोई दवाई है शायद !?
सालों बाद उस राह से कोई गुज़रा तो,
उससे बढ़कर मेरी तन्हाई है शायद,
खून से लिखा पड़ा मिला एक नाम,
और कटी पड़ी मेरी कलाई है शायद,
इधर उधर दोस्तो से पता चला मुझे,
2-3 दिन में उसकी सगाई है शायद,,
बेइंतेहा जुर्म ढाये जितने मौसमों ने,
एक अकेली अबकी जुलाई है शायद ।।
मेरी बेबसी की इन्तेहाई है शायद,
हर शख्स से मेरी रुसवाई है शायद

जुस्तजू

कोई सुनसान अंधेरे में,
ख़्वाइशों के घेरे में,
टूटकर जो हाथ लगे,
पतंग कटे डोरे में,
राह पे वीरान क्यूँ,
कोई शख़्स के फेरे में,
देखकर घुन अबकी,
किस्मतों के बोरे में,
जलते बुझते रहा मैं,
जुगनुओं के डेरे में,
जागते हुवे रातभर,
खुदखुशी के पहरे में,
खुदको देते हो सज़ा,
आस के कटघरे में,
हस्ता हुआ मैं सदा,
देखते हुवे कैमरे में,
ढूंढ लिया हो आईने ने,
एक शख़्स एक चेहरे में,
जब दोस्ती हो चुकी हो,
एक सांप और सपेरे में,
जब मर गयी लड़कियां,
इज़्ज़ातों के खंतरे में,
देखते ही सूख आया,
समंदर एक कटोरे में,
बात करके पूरा हुआ,
खुद से ही अधूरे में,

खून और रिश्ता का फर्क,
एक भाई और चचेरे में,
जब नहीं पाया कोई सत्य,
अबके बार दशहरे में,
छोड़कर ये दीन-दुनिया,
पहुंचकर एक मकबरे में,
मैं मेरी तलाश में था.....,

किसी वीरान जंगल में,
जंजीर बंधे उस पल में,
देखो डूबती हुई नदी,
समंदरों के जल में,
जब फंस गए पांडव,
शकुनि के छल में,
जब उम्मीद भी नहीं,
आज और कल में,
अचानक मंजू लौटकर,
नाच रही हो पायल में,
कोई छुएगा तक नहीं,
कराहता रहूं घायल में,
जो आज पगड़ी बंधी है,
ताकत आई कायल में,
आंख झपकते ही ओझल,
नई दुनिया हर नये पल में,
फूलों की बगियाँ आकर,
फंस गए हो दलदल में,

और मेरा मन किया नहीं,
बदन लिपटी मखमल में,
कांप रहे हो तन सारे,
बन्द कमरे में कम्बल में,
हाथ काबू में हो और,
जो छटक रही पिस्टल में,
किरदार जब मर गया,
अबके बार रिहर्सल में,
जब रहा नहीं कोई पास,
अबके बार फेस्टिवल में,
मैं मेरी तलाश में था.....,

रखे हुवे तोहफे

मेरे तोहफ़े मुझे मुबारक उसने ये बोला है अबकी,
मत करना अब ये शरारत उसने ये बोला है अबकी,
आते क्यूं सामने मेरे करते हो परेशान मुझे तुम,
कर दूंगी सबसे शिकायत उसने ये बोला है अबकी,
बस छोड़ दो मुझे अकेला, मत करो और झमेला,
देदो मुझको थोड़ी राहत उसने ये बोला है अबकी,
और तो कुछ बोला नहीं, मैंने बाकी सोच लिया,
उसकी कमी के वास्ते, एक तन्हाई खोज लिया,
उसके बदले एक मायावी दुनिया बनाया हूँ,
जिसमे उसके साथ ही नई दुनिया बसाया हूँ,
तोहफे लाता हूँ और इकट्ठे कर लेता हूँ,
कैसी दिखेगी वो इसमें सपने में देख लेता हूँ,
आज भी मुझे है याद, ईद पे चमक रही थीं,
वो जो तोहफे लिए नहीं, उसपे वो जच रही थी,
कानों में थी बालियां और कंगन भी थे मेरे,
इत्र जो दिया नहीं उसमे खूब महक रही थी,
कुदरत ने सजा दिया चाँद को जो उस दिन,
इधर मेरी चांदनी भी साथ मेरे टहल रही थी,
थोड़ी सिवई खाता मैं थोड़ा वो भी खाती थीं,
एक प्याली में मिठास यूँही घुल रही थी,
जहाँ जहाँ गया मैं साथ उसे ले गया हूँ,
तुम मेरी कल्पना हो कैसे अकेला छोड़ दूं,

काश ये सब सच होता उसने जो बोला न होता,
मना लेता मैं खुद अगर उसने जो रोका न होता,
अब साथ तोहफे और, काल्पना मेरी जी रहे,
रोज़ शाम साथ में इंतेज़ार के कश पी रहे,
मन मेरा खफ़ा-खफ़ा, ये दिल ज़रा डरा-डरा,
वो होगा किस हाल में है किसे पता-पता,
क्या वो भी चाहे मुझको की लगाऊं मैं गले उसे,
या जीता रहूं कल्पना में, जैसे जी रहा हूँ कबसे...

~इरफान

मुद्दत बाद

तुम मुझमे से चले जाना एक मुद्दत बाद,
मुझको है ये दिल लगाना एक मुद्दत बाद,
तुम ठहरी हो फिलहाल तुम्हें सोचता हूँ,
तुमसे है ये दिल हटाना एक मुद्दत बाद,
एक बाद कि बात की तलाश खत्म होगी,
एक बार को है रुक जाना एक मुद्दत बाद,
फिर जब किसी के लिये हो भाव उत्पन,
फिर तुम्हारा याद आना एक मुद्दत बाद,
पहले पहल जब करीब से छुऊँगा कोई बदन,
फिर तुम्हारा याद आना एक मुद्दत बाद,
देखकर भटकती राहों में सुंदरमुख नयन,
फिर तुम्हारा याद आना एक मुद्दत बाद,
कुल्हड़ के धुएं में वो खनकते हुए कंगन,
फिर तुम्हारा याद आना एक मुद्दत बाद,
जब किसीके निशान से भर जाएंगे गर्दन,
फिर तुम्हारा याद आना एक मुद्दत बाद,
फिरसे जो उस शर्ट का टूटा कोई बटन,
फिर तुम्हारा याद आना एक मुद्दत बाद,
हमसाये सा रखना किसी एक शख्स को,
और फिर है उसे भुलाना एक मुद्दत बाद,
दिल लगाना है टूटकर किसी एक फिरसे,
है फिर पागल बन जाना एक मुद्दत बाद,
भूले से बातों बातों में किसी लड़कीं को,
फेर तेरे नाम से बुलाना है एक मुद्दत बाद,
तुम मुझमे से चले जाना एक मुद्दत बाद,
मुझको है ये दिल लगाना एक मुद्दत बाद,

...

एक दिन भी,
तुम बिन भी,
भूल-ना सब,
मुश्किल भी,
हमराह ऐ,
हमसाह ए,
सम्भला मैं,
और दिल भी,
अब वो चाह,
अब वो राह,
बस भटका मैं,
या तुम भी,
अब भी है,
वो सब साथ,
तेरी धड़-कन,
और सुलगन भी,
मन का भटका,
मन का मारा,
तुझसे मिलना,
चाहे मन भी,
ते-रे तोह-फे,
और अंगड़ाई,
खूबसूरत भी,
और पसन्द भी,

..

माँ सब ठीक है

गम से यारियां या इश्क़ की बात होती है,
रह रह के जज्बातों से मुलाक़ात होती है,
हम लड़कों को एक call भी बहुत सुकूँ देता,
हम लड़को को माँ कितनी ही खास होती है,
ये अलग बात माँ तू नहीं समझी तू क्यों आयी याद बेवक़्त,
ये अलग बात माँ जब कोई नहीं दिखता तो तू पास होती है,
ये अलग बात माँ मैंने तुझसे फिर सब ठीक बोला,
ये अलग बात माँ हर बार कुछ न कुछ बात होती है,
ये अलग बात माँ मुझे बहुत कुछ बताना है तुम्हें,
ये भी बात है माँ हर चीज़ की नहीं शफ़ात होती है,
तू मेरे खसारे और बेचैनी नहीं पढ़ पाई अबतक,
तू तो कहती माँ सब समझती, माँ जज़्बात होती है,
माँ आजकल चीखने चिल्लाने का मन करता है,
पर तु तो जानती जख्मों की कहा आवाज़ होती है,
मैं बस चुपचाप मौन शुद खुदको देखा करता हूँ,
आजकल मेरी मुझसे बहुत ज़्यादा बात होती है,
माँ मैं टूट रहा हूँ, इतने अनन्य प्रारूप कैसे निभाऊं,
माँ रोज़ मुझमें ही मेरे किरदारों से मुलाकात होती है,
माँ वो दिन थे जब बेफिक्र आँचल ओढ़ के सोता था,
यहां खुले आसमां में ठीक से न दिन होती न रात होती है,
माँ एक खलिश जुम्बिश लेती रहती दिनरात मुझमे,
अब मेरी हर खाईश दुनिया के ही खिलाफ होती है,
माँ मेरे गुनाह सब आशना हो गए है मुझसे,
माँ बताओ न कहाँ गुनाहों की खैरात होती है,

नहीं हुआ

कुछ दर्द-ए-दिल में कमी हुआ, नहीं हुआ,
कोई ज़रा सुकूं कहीं हुआ, नहीं हुआ,

ये मोहब्बत में देह की लत लग जाती,
मोहब्बत में फिरसे वही हुआ, नहीं हुआ,

तुम सब सही करने आये थे अबकी,
अबकी कुछ भी सही हुआ, नहीं हुआ,

वो कब्र भी बारिशों संग डूब जायेगी,
दो गज जमीं भी कही हुआ, नहीं हुआ,

तुम बोलते थे न बदल जाओगे एकदिन,
तुम बदले मैं मतलबी हुआ, नहीं हुआ,

डर

अब तुम्हारा ये क्या है,
जो दिल पे आ लगा है,
फिर मीठे बोल बोले है,
या चिड़ियों ने कुछ कहा है,
मत लाओ फूल वूल कुछ,
ये सहन की इंतेहा है,
तुम्हारा दिल नहीं पिघला,
हमारा दिल जल चुका है,
तुम्हें मनाते-मनाते देखो,
एक पत्थर अब रो दिया है,
अब चीखने से क्या माँ,
बच्चा हाथ से गिर गया है,
जिन बाहों को जादू समझा,
तुमने कभी महसूस किया है?
बुरा भला सब माना मैं,
सच-झूठ जो तुमने कहा है,
पलट देखूं क्या किया मैं,
और ये खुदा भी देख रहा है,
हस लेती संग थोड़ा बहुत,
रुलाके तुमको क्या मिला है?
बस जिस्म नहीं चाहा था मैं,
शायद इतना तुम्हे पता है,
जो आशिर था खुद्दार बहुत,
एक लड़की से डर गया है !!

खैर जाने दो

अच्छा हाँ एक काल, खैर जाने दो,
आँ दिल कोई सवाल, खैर जाने दो,

जाने दो अब ठीक लगेगा कुछ दिन में,
अम..सच में होगा ठीक हाल?
खैर जाने दो...

गुनाह है शायरी या शायर गु-नहगार,
हर वक़्त रहता है मलाल, खैर जाने दो,

मलाल इसका भी दिल दोबारा लगाया,
और ऊपर से रखा ज़्यादा ख़्याल,
खैर जाने दो...

कोई दिल लगाके लिखता रहे उसपे,
फिर भूलना तो कोई कमाल, खैर जाने दो,

हम.. ये शब्द मुझे वापस खींच दिए,
वरना सुधर गया होता पिछले साल,
खैर जाने दो...

सायें और भी हैं

बातें और भी है, सायें और भी हैं,
बस इश्क़ नहीं, हमारी खतायें और भी हैं,
गमसाज़ में डूबे मुसाफ़िर उठ पड़ो,
एक बन्द हुई तो क्या राहें और भी हैं,
मुझको महसूस हुआ जुदा होते यकसर,
एक तुम ही तो नहीं अभी बाहें और भी हैं,
ज़रूरी थोड़े इश्क़ का इश्क़ से गुज़ारा हो,
उसे भूल जाने की दवाएं और भी हैं,
मैं कुछ और ही हूं यकसर टूटूंगा नहीं,
मेरी ज़िंदगी में तुम्हारे सिवायें और भी है,
कुछ दिन या महीने गुजरेंगे वेहशत में,
फिर यकी होगा तुझसी बलायें और भी है,
यूँ खिल उठूंगा चहक उठूंगा फिरसे,
दिखने लगेगा दायें-बायें और भी है,
मैं वो विशालकायी वृक्ष जिसे पता है,
एक टूटी है तो क्या शाखाएं और भी है,
अब मान गया हर शायर एक जैसे होते,
लेकिन वो जो मुझे समझ पाये और भी है?
हाँ गम मिला तुमसे सह लिया, सोख लिया,
और सह जाऊं?चलिए आप बताएं और भी है?
मेरी कहानी में तुम बेदर्दी हो बेवफ़ा नहीं,
समझ चुका तुमने सितम खायें और भी है,
नहीं ऐसा की तुम्हारा गम रौंद देगा मुझे,
पता है न हमने गम भुलायें और भी है ।।

एक कश

आंखें बहे है उड़े है,
संग धुंए के चले है,
होश-हवास शांत है,
साथ एक याद रहे है,
झिलमिल अंधेरा और,
तन्हाई कुछ कहे है,
तब होंठों पे जाके,
होले से वो सजे है,
परवाना यू बीमार की,
कोई आग क्यों जले है,
राख मुस्कुरा देती है,
हाल-ए-तबाह रखे है,
मैं सोचु हर कश मे,
रात सुनहरी सुलगे है,
आशिर महसूस करो,
तुममे बस राख बचे है ।।

माया

रूहानी चादर की पेशतरी निकल आयी,
जब एक गुलाब से परी निकल आयी,
एक कुएँ का लुत्फ ले रहे मेढकों पता है,
दुनिया में पैरेलल वर्ल्ड की थ्योरी निकल आयी,
कोई लड़की जो बोल दे हस के दो बोल,
बेकार-सेकार बातें भी कुरकुरी निकल आयी,
वो हाथ मुझसे छुड़ाती है इस क़दर आजकल,
जैसे सुहागन बोलती छोड़ो चूड़ी निकल आयी,
मैं उस दुनिया मे हूं जहां पेड़ों के पर हैं,
और रुमाल झटकते ही कुड़ी निकल आयी,
पता है ये होता एक झगड़े का अंजाम,
दो सगे भाई के बीच दूरी निकल आयी,
आशिर कल ही न मिलने की बात हुई थी,
फिर आज मिलने की मज़बूरी निकल आयी..

ग़ज़ल की किताब

काश उसकी ख़ामोशियों के आवाज़ हो,
मैं जान लू सब दिल मे जितने राज़ हो,
वो परेशां है आज, ये परेशां करे मुझे,
और फिर उसकी आदत पूछने पे चुपचाप हो,
वो पास आये दौड़ के, गले लगे तपाक से,
कुछ न कहुं उससे महफूज़ बाहों में रहे आराम से,
वो है कि उसकी सांसे चले, वो है कि कहीं डूबी रहे,
मैं पास बैठू पुकारू नहीं, न जगाऊँ उसको ख़्वाब से,
वो की एक ख़ूबसूरत मुलगी, उसके सुंदर चमकते डोळे,
वही सुबह-शाम हो मुझे वास्ता नहीं दिन से रात से,

आज मैं बता दूं तुझे देखने पे क्या लगता,
है समां रुका रुका और मैं कहीं ह ठहरा,
तुझे देख के लगता खुदा ने की खामियां कुछ,
इंसा बनाने की मिट्टी से बना दी एक परी सचमुच,
तू प्यारी है तुझे खबर नहीं तुझे देखते है परिंदे,
तेरी बाली ने मानों चमक ली हो जुगनुओं से,
तुम होती हो बाहों में तो जादू सा महसूस होता,
तारों के नूर बढ़ जाते क़ल्ब चाँद तले सोता,
तुम्हारी ऐसी.. ख़ूबसूरती, जादूगरी देखता
जैसे तुम कोई हूर आ निकली हो ख़्वाब से,
ये आँखें, ये होंठ, ये तबस्सुम, ये ज़ुल्फ़,
सब के सब चुराई गई है ग़ज़ल की किताब से..

एक दफा और

किसी ग़ैर में तुझको ढूँढ़ते वक़्त
भूल जाता हूं कि तुझे भूलना भी है,
तेरी बाते सोच सोच मुस्कुराते वक़्त
भूल जाता हूं कि तुझे भूलना भी है,
वैसे बदल चुका हूं इतने वक़्त में काफ़ी,
पर तेरी दी हुई शर्ट पहनते वक़्त
भूल जाता हूं कि तुझे भूलना भी है,

तेरी तस्वीर को सबसे छुपाते वक़्त,
तेरी ताबीज़ को गले से लगाते वक़्त,
तुझे एक ख़ूबसूरत शायरी बनाते वक़्त,
भूल जाता हूं कि तुझे भूलना भी है,

तेरे तोहफ़ों को पुराने बस्ते से निकालते वक़्त,
तेरे चाभियों के छल्लों को उंगलियों में नचाते वक़्त,
तेरे दिए हुवे pen की cap हटाते वक़्त,
भूल जाता हूं कि तुझे भूलना भी है,

किसी गैर को तेरे नाम से बुलाते वक़्त,
कोई तेरी आदत किसी में पाते वक़्त,
किसी ग़ज़ल में तुझे गुनगुनाते वक़्त,
भूल जाता हूं कि तुझे भूलना भी है ।

...

अदाकार

मै अदाकार था एक ड्रामे के स्कूल में,
अदाकारी निखर आई फिर मेरे खून में,

किरदार बहुत निभाये मैंने हर शख्स को खुद में रख लेता था,
आंसू भी पलकों पे रहते और मीठी बात भी कह देता था,
हर एक किरदार मुझको यूँ तो भावुकता की सौदाई देता,
किसी में गुदगुदी भर जाती कभी नकचड़ी लुगाई देता,
कभी कोई वीर कुंवर तो कोई हाथों में बुराई देता,
या फिर फाका-परस्ती में कपड़ों की सिलायी देता,
मेहबूबा की शादी में कभी हमको शहनाई देता,
या फिर दर-दर भटके हुवे नौकरी की बिनाई देता,
मगर एक किरदार रह गया था जो नहीं किया स्कूल में,
जीते-जी भंवरा मर गया था एक सुनहरे फूल में,

अदाकारी के हर गुण पाकर भी आँखों से दरिया फूटी है,
कैसे रोकू मै खुद को अब माँ ज़ब शय्या पे लेटी है,
माँ तेरा अदाकार आज अदाकारी में हार गया,
तू गयी तो ऐसा लगता की मेरा सारा संसार गया,
तेरे हाथों को चूमकर ही बुलंदी पे था इतराता,
आंचल तले ही परम सुख का राग मै लिख पाता,
बेटा बेटा कहके ज़ब भी तू कुछ भी कहती है,
उम्र मेरी तब उसमें नौ बरस के बच्चे की होती है,
उन लम्हों में तू मेरा बचपन फिर से देखी होगी,
आज भी मेरी पसंदीदा मिठाई तू सबसे छुपा के रखी होगी,

पापा को बोल रखा होगा शाम को ये लेते आना,
लल्ला आ रहा घर वापिस, शाम को है ये बनाना,
याद आता मेरा जल्दी जल्दी स्कूल वो जाना,
और पीछे से टाई लेके तेरा वो अकसर दौड़े आना,
भागे भागे जाता पता नहीं ध्यान कहाँ पे होता है,
टीचर से टाई की डाट सुनके वापस आके रोता है,
ऐसे ही कई किस्सों से हर लम्हा मैं गुजरता हूं,
माँ फिर भी बेटा हूं तेरा अटल खड़े रहता हूं..

माँ लेकिन अब सोचता बहुत हूं अदाकारी के पार भी,
उस बगिया में अकसर जाता जहाँ फूल भी है खार भी,
फूल तेरी वो बातें है जो तू मुझको कहां करती थी,
जैसे जैसे मैं बड़ा होता मेरे शादी के सपने पिरोति थी,
बहु लाऊंगी लल्ला को जो मेरी कमी भी मार दे,
आँखों में सजा पति को रख्खे मुझसे ज़्यादा प्यार दे,
खार भी अब तेरी यही बाते है जो मस्तिष्क में चुभती है,
उतना अटल नहीं ये लल्ला जितना तू मुझको कहती है,
माँ ये विद्या दौलत तुम बिन सांसारिक चीज़ो का क्या करूँ,
तेरे हाथों से सिली गयी उन कमीज़ों का क्या करूँ,
माँ ये कमज़ोर सिपाही के चश्मे लहर लहर के फूटते है,
तेरी हर एक आहट को जब हम हाथों से छूते है,
माँ लेकिन ये अदाकार तेरा फिर एक किरदार निभायेगा,
मुस्कुरा देगा किसी नाटक में, और अंदर से सेहरा में डूब जायेगा,

मै अदाकार था एक ड्रामे के स्कूल में,
अदाकारी निखर आई फिर मेरे खून में,
मै अदाकार था..

दर्पण

मन मोहक रूप के स्वप्न बुनती हूं,
दर्पण से ज़ब मैं बाते करती हूं,

सांवली हूं मैं बचपन से इसमें दोष मेरा है?
या दोष इसमे की आँखों के नीचे घेरा है,
या नाक मेरी कुछ ख़ास नहीं केश भी नहीं ख़ास,
आकर्षित दिखने को मैं कितने ही करूँ प्रयास,
दर्पण फिरसे देख बता चेहरे के दाग़ हलके है,
या जो बचपन में चोट लगी वो अब गहरे दिखते है,
दाने भी कुछ सालों से चेहरे से जाते कहां,
और मम्मी चिंतित रहती लडके वाले कहेंगे क्या,
सब जतन से फर्क नहीं अब पड़ रहे है चेहरे पे,
जैसे खट्टे अँगूर पक के अब सड़ रहे है चेहरे पे,
ये है की ये दाने दाग़ तो फिर भी ठीक हो जायेंगे,
लेकिन काले जामुन के कुछ रंग चेहरे पे शेष रहेंगे,
खुद ही खुद के तन के साथ,
घंटों द्वेष में जीती हूं,
दर्पण से ज़ब मैं बाते करती हूं,
दोस्त नहीं न प्रीतम कोई अपना मुझको बनाता है,
कुछ को फीका कुछ को सतरंगी ये कैसा निर्माण विधाता है,
बचपन से ये कलापन मन से बैर कर बैठा,
दिल मेरा अगर मोह जाए तो तन से बैर कर बैठा,
कितने ही नाम पड़े, कालापन ही पहचान बनी,
कभी कौवे की मौसी कभी कोयले की दूकान बनी,
लेकिन दर्पण मुझको अकसर मुझसे ही मोह लेता है

सांवलापन जिस दिन मध्धम दिखे अजब खुशरंग होता है,
लेकिन कभी कभी है क्रोध भी दर्पण तुझपे आता है,
झूठ बता दे खूबसूरत हूं इसमें तेरा क्या जाता है,
मैं बच्ची नादान थी लेकिन हास्य का विकल्प बनी,
सबसे क्रोधित रहने वाली नागिन का संकल्प बनी,
स्कूल से आ, बस्ता पटक,
आपबीती सब कह देती हूं,
दर्पण से ज़ब मैं बातें करती हूं,

ऐ दर्पण पता है तुझको साथ मेरे कुछ दिन ही पहले,
एक लड़का था बड़ा सयाना, हम दोनों थे दोस्त घने,
धीरे धीरे उससे प्रेम मुझे ज़ब होने लगा,
दिल डरता था तन से मेरे जैसे उसे अब खोने लगा,
एक दिन ही बागों मे मुझे एक फूल सुनेहरा लगाता है,
तोड़ के ला दूँ उसको ये दिल तो ऐसा कहता है,
फिर मन की तन से जंग छिड़ी, मौसम विकराल होता है,
रह न जाऊं बस एक खिलौना, क्या हाथ थाम सकता है,
फिर उसके बाद नहीं मिली, स्वपन आँखों में खोल दिए,
अगली बार जो बात हुई तो अब नहीं मिल सकती बोल दिए,
उसकी विरह की आग की तप में,
लेकिन मैं खूब रोती हूं,
दर्पण से ज़ब मैं बातें करती हूं,

पिछले महीने मम्मी क्रीम भी जो लाई थी,
रद्दी भर न फ़र्क़ पड़ा जाने कैसी दवाई थी,
मुल्तानी मिट्टी से भी दो दिन पहले नहाई मैं,
संदली बदन से फिर न जामुनी रंग निचोड़ पाई मैं,
मम्मी इतनी कलेश भरी जीवन से ये अच्छा होता,
बेटी जानके तुमने भी गिरवाया अपना बच्चा होता,
तुमको कैसे बोलूं मैं सबसे कटके रहती हूं,
खुदसे इतनी नफरत है खुदसे ही बटके रहती हूं,
पापा भी ताने देते है, दहेज़ जुटाने जाता हूं,
जाने किसपे पड़ गई, किस जन्म का पाप पाता हूं,
पढ़ लिख लो अच्छे से तो शायद दहेज़ से हो जाएं,
वरना ऐसे तुमको कोई पैसा भी लेके न अपनाए,
बिटिया तुम्हारी किस्मत है ये, बनके रहोगी दासी,
ऐसे को मिलते है बस शराबी, जुआड़ी, चरसी,
ऐसे अनेक तानों की चोट,
मैं अपने तन पे खाती हूं,
दर्पण से ज़ब मैं बाते करती हूं,

लेकिन दर्पण एक बात कहूं, मुझको तुम अच्छे लगते हो,
मैं हस्ती हूं तो तुम भी हस्ते हो,
मैं रोती हूं तो तुम भी रोते हो,
मैं हूं उदास तो उदास तुम भी होते हो,
लेकिन मैं अब अंदर से टूटी हूं,
वो कैसे तुम दिखलाओगे,
क्या तुम भी साथ तन तक दोगे,
मन तक साथ नहीं आओगे,

मस्तिष्क में जो चोट है मेरी,
मेरी उम्र के साथ होती है गहरी,
दर्पण उनकी भी एक सूरत बना,
खूबसूरत नहीं तो बदसूरत बना,
ले जाके सबको दिखलाऊंगा,
फिर सबको ये बतलाऊंगा,
मेरे चेहरे पे ये चेहरा, दिया हुआ तुम्हारा है,
इतने सालों की गालियों से मुरझा गया तन सारा है,
इस चेहरे से ये चेहरा निकले,
तो खुशबु की मूरत निकलूं,
इस चेहरे ने रूप ढका है,
वरना बहुत खूबसूरत निकलूं,

~इरफ़ान

खिड़कियां

छोटी सी खिड़की में नन्हें से बाजू,
बचपन के मौसम में खिड़की से झांकू,

गुड्डे गुड़िया की आदत नहीं थी,
आँखों में बस खूब शरारत कहीं थी,
शामों सुबह आके खिड़की से ताकू,
चाचा बुलाए तो सरपट मैं भागू,

दिखती थी खिड़की से जादू की नगरी,
ठेले के बच्चे पे पापा की पगड़ी,
भुट्टा बेचा करता था वो गली में,
सिंकती अंगीठी पे दिनभर हथेली,
बहना भी छोटी थी ठेले पे आती,
भैय्या ये खालो कचौड़ी तुम आधी,

जब भी रविवार का दिन है आया,
मोहल्ले भर चलना था बैट बल्ला,
आँखें टिका मैच देखता था उस दिन,
आउट पे तब कोइ लडता था उस दिन,

घर में अकेला या पापा या चाचू,
मम्मी न घर में न नाना न दादू,
टीवी नहीं थी खिलौना नहीं था,
छोटा सा भैय्या था तब गाँव में रहता,

दादा भी थे जो रोज आवाज़ देते,
सुबह की नमाज़ पढ़लो उठके,
आवाज़ उनकी गली भर में जाती,
लाठीं है हाथों में लम्बी है दाढ़ी,

बारिश के मौसम मे खिड़की पे जाऊं,
खिड़की पे आके हथेली भीगाऊ,
प्यारी थी कितनी वो पानी की बूंदें,
बाहे जो खिड़की पे आँखें भी मूंदें,

खिड़की पे तब एक गिलहेरी थी आती,
देता था रोटी गीलेहरी जो खाती,
आँखें चमकती गीलेहरी की काफी,
काली सी पट्टी में लगती थी प्यारी,

चौड़ी सड़क भी इक खिड़की से दिखती,
सबको न जाने क्यों जल्दी बहुत थी,
हारन था आता कभी जाम लगता,
उसमे भीखरन के हाथों में बच्चा,
खाना है खाना एक आधी सी रोटी,
पैसे दो बाबू बिटिया है छोटी,

जो चाट ठेले पे दोने थे बाटे,
कचरे के डिब्बे में कुत्ते वो चाटे,
चाचा गुबारे फुलाने में हाफे,
ठेले पे दिनभर में हो जाते आधे,
लगता था दिनभर दुनया का मेला,
खिड़की था जैसे की बचपन का झूला,

फिर चार सालों में सब कुछ था बदला,
खिड़की के आगे बना दी एक बिल्डिंग,
मंजर नहीं थे न तकना कहीं अब,
बचपन भी ना था न बच्चा वही अब,

समझा मैं अब लोग जाते कहा थे,
डगमग से कदमों मे क्यों लोग भागे,
हारन बजाऊं तो शायद वो बच्चा,
बिल्डिंग से फिर आके खिड़की से झांके,

~इरफ़ान

पुराना कंगन

मैं उतारा हुआ तेरा कंगन हूं जां,
बाद तेरे रह गया जो अकेला यहां,

तूने सोचा नहीं जाऊँगा फिर किधर,
देख ही लेती जाते वकत इक नज़र,
इक ज़माना मैं तेरी कलाई बना,
आशिक़ो के तेरे रहनुमाई बना,
याद है अब भी ज़ब तुम कभी खुश होती,
अपने करीब लाके तुम चूम लेती,
इतना ही प्यार तो माँगा करता था मैं,
मुस्कुराकर तेरे साथ रहता था मैं,
याद है साथ तेरे इक लड़का भी था,
तेरे हाथों से मुझको उतारा करता,
वो शरारत में खूब बाते करती थी तुम,
मुझको उससे भी तब छीन लेती थी तुम,

तुम्हारे गहने से ज़्यादा मैं दोस्त था,
ज़ब के तब तुमसे अक्सर ही बातें होती,
वो तेरे बाज़ूओं में घूमना याद है,
वो इक तेरी महक से झूमना याद है,
तुम्हें सोते वक़्त खूब निहारता था मैं,
तेरे गालों से लगकर सो जाता था मैं,
चांदनी की चमक मुझपे खूब जचती थी,
बोलता था मैं ज़ब तू खूब रोती थी,

शायरी भी कभी तू सुनती मुझे,
आप बीती वो सब कुछ बताती मुझे,
धीरे धीरे करीब आ गया था मैं फिर,
बस नहीं गहना तेरा हिस्सा था मैं फिर,

फिर क्यों तुमने नए खाब देखे बता,
नई चमक नई डिज़ाइन भी देखे बता,
मैं निशानी था मुझे बदला जा सकता,
यूँ उतार दूसरा भी पहना जा सकता,
अब तूने खाब इस माह नया चुन लिया,
सोने चांदी जड़े खूबसूरत ले लिया,
पर मैं तेरा कंगन आज भी चाहता,
पहले ज़ब मैं था फिर आज भी पहले रख,
प्यार तुझसे हुआ है मुझे तू समझ,
मन तेरा है प्रिये और अबके ये तन,
ज़ब तलक टूट जाऊं तू मुझे पहन...

~इरफ़ान

एक बच्चे के सवाल

अब्बू आज हम फिर यहां आये,
अब्बू बताओ ये कौन सी जगह है,
जो तुम्हे इतना अज़ीज़ है,

अच्छा..

अब्बू ये क्या है ? अब्बू वो भी वहां भी ?
बेटा ये सब मज़ारें हैं,
ये क्या होता अब्बू?
बेटा दुनिया की चीज़ों से आराम पाकर
लोग इसमे सो जाते है, असल नींद !
लोग इसमे क्यों सोते है अब्बू ?
बेटा इस नींद में खुदा से मुलाक़ात होती है,
अब्बू मैं भी सो सकता ? मैं भी सोऊंगा !
मुझे भी खुदा से मुलाकात करनी है,
शांत रहो मुकरर्म थोड़ी देर !!
बेटा ऐसी जगह आकर ऐसा नहीं बोलते,
बेटा अल्लाह से दुआ करो
ऐसी नींद दूसरों को बेकरार करती,
जो रह गए बस निशानियों के साथ,
जिनके सुर्ख चेहरे पे झलकता की किसी
रहमत की आस है कि वो अपना जाग जाए,
अब्बू इस मज़ार में कौन सोया है?
जिसपे रोज़ फूल और फातिहा पढ़ने आते,
बेटा तुम अभी नही समझोगे लेकिन,
बेटा ये तुम्हारी माँ का मज़ार है,

मॉ.. ये क्या होता अब्बू ??
बेटा तुम अभी छोटे हो नही समझोगे,
अब्बू हां याद आया मेरा दोस्त कह रहा था,
की उसकी माँ बहुत डाट-ती है,
मॉ डाटती है बहुत अब्बू ?,
बेटा पहले दुआ करलो बताता हूँ फिर,

इसी बीच आँखों में अश्क़ लिये जो आँखों से
नहीं उतर रहे, अपनी ख़ातून की कब्र की तरफ
देखकर गहरी सोच में... फिर पूछता मन में उससे,

निशानियां और एक जहां बसाकर,
तुम्हारा पूछता है बेटा पास आकर,
अकेले रह जाना ठीक होता कभी ?
अकेला गुज़ार रहा हूँ तुम्हे अपनाकर,
रूठना था ऐसे की अब बात नही करती,
कितना चीख़ूँगा रोज़ पास आकर?
दो न कोई जवाब पूछता है तुम्हारा बेटा,
बोलो माँ हूँ मैं तेरी पास बुलाकर !
मुझे कुछ समझाने की ज़रूरत नही होगी,
बस नाम पुकारो उसका, उसे गले लगाकर,
वो नादान है उसे खबर नहीं दुनिया हो तुम,
वो दो शब्द समझता, माँ बनता दो जहां मिलाकर
वो मेरा नही हमारा है, हमारा है वो,
हां... तो बोलो इसपे मुस्कुराकर !!
चलो मैं तुमसे उसके सवाल पूछता हूँ,
हो सके तो बुला लेना उसे आवाज़ लगाकर,

माँ तुम कौन हो माँ, तुम कौन हो?
बस देखी जा रही और मौन हो??
माँ तुम कौन हो?

अब्बू बोलते कोई था जिसका मैं प्यार हूं,
आखरी निशानी ही नही पूरा संसार हूं,
वो खुदा की बाते करते और कहते रहते,
कोई है जिसको खुदा से छिनने को तैयार हूं,
कहते मैं बेबस हूं बेटा ये गम उम्र-भर का है,
ये प्यारी सी बगिया में मैं बस खर-पतवार हूं,
मेरे अरमानों को कुचल रखा है किस्मतों ने,
वो वापस आये तो मैं खिलने को बेकरार हूं,
बेटा तुम्हारी माँ बहुत प्यार से डाटती थी,
जिस डाट के लिए अब 1.5 साल से बीमार हूं,
कभी पूछता हूँ उनसे की पास बुला ले तुम्हें,
चुप रहते और बोलते बेटा मैं लाचार हूं,
सबका करता धर्ता ऊपर कहानी लिखता है,
सब माया उसकी है मैं तो एक छोटा किरदार हूं,

माँ मुझे उनकी ये बाते नहीं समझ आती,
कोई तो हो तुम जिसकी शक्ल धुंधली सी याद आती,
माँ मुझे कोई रोज़ डरावने सपने आते हैं,
की कोई पुकार रहा मुझे और गोंद उठा रहा,
माँ मुझे ये सब समझ नही आता, बस अब्बू को बोल देता,
माँ अब्बू एक बात और बोलते की मेरी भी
माँ है जो तालीम हासिल करने और इम्तिहान
देने खुदा के पास गई है, उसके स्कूल में,
जहां पे रहकर पढ़ना होता,

माँ मुझे अब देखना है, जानना है तुम्हें,
तुम वहां से छुट्टी लेके मुझसे मिलने आओ,
माँ वो स्कूल की छुटियाँ साथ बिताना,
सब दोस्त माँ के बारे में बोलते फिर मैं भी बोलूंगा,
माँ एक बात और अब्बू बहुत प्यार करते तुमसे,
रोज़ मिलने को तैयार होके मुझे ले आते,
जैसे मैं स्कूल में अपनी सबसे अच्छी दोस्त
समीरा से मिलने जाता,
लेकिन अब्बू रोते क्यों है कभी कभी मुझे
गले से लिपटकर, आंसू नही गिरते उनके
सूख जाते जैसे हवाओं में कोई है जो पोछ
जाता आंसू उनके, ऐसा क्यों होता है?

माँ तुम कौन हो माँ, तुम कौन हो?
बस देखी जा रही और मौन हो??
माँ तुम कौन हो?

ये सब सवाल है हमारे बेटे को ज़रूर देना !
अभी स्कूल का वक़्त हो गया,
चलो मुकर्रम !!

السلام علیکم

عرفان

~इरफ़ान

www.ingramcontent.com/pod-product-compliance
Lightning Source LLC
Chambersburg PA
CBHW032000140726
47988CB00019B/2903